365 Streicheleinheiten für die Seele

⁘ 365 ⁘
Streicheleinheiten für die Seele

benno

Man sollte stets und in allen Lagen ruhig leben.
Macht uns ein Kummer zu schaffen,
komme er nun von außen oder von innen,
so gilt es, ihn gelassen anzunehmen.
Erreicht uns aber die Freude,
so wollen wir auch sie ebenso gelassen
annehmen.

Franz von Sales

1 JANUAR

Die wahre Freude wandelt auf der Erde
wie die wahre Weisheit:
von wenigen gesehen
und von der Ruhe begleitet.

Friedrich Leopold Graf zu Stolberg-Stolberg

JANUAR 2

Luft und Licht heilen und Ruhe heilt,
aber den besten Balsam
spendet doch ein gütiges Herz.

Theodor Fontane

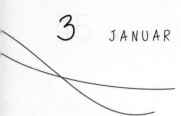

3 JANUAR

Wünsche nicht,
etwas anderes zu sein,
als du bist, aber versuche,
dies so gut wie möglich zu sein.

Franz von Sales

JANUAR 4

Gibt es schließlich eine bessere Form
mit dem Leben fertigzuwerden
als mit Liebe und Humor?

Charles Dickens

5 JANUAR

Man soll alle Tage
wenigstens ein kleines Lied hören,
ein gutes Gedicht lesen,
ein treffliches Gemälde sehen und,
wenn es möglich zu machen wäre,
einige vernünftige Worte sprechen.

Johann Wolfgang von Goethe

JANUAR 6

Das schönste,
was wir erleben können,
ist das Geheimnisvolle.

Albert Einstein

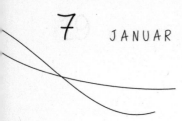

7 JANUAR

Bäume sind Meister der Geduld:
Sie lehren uns, jedes Jahr aufs Neue,
mit frischem Mut wieder anzufangen.

Dom Hélder Câmara

JANUAR 8

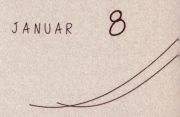

Heute, nur heute
werde ich mich bemühen,
den Tag zu leben,
ohne die Probleme meines Lebens
auf einmal lösen zu wollen.

Papst Johannes XXIII.

9 JANUAR

Wir Menschen plagen
uns ab, um die Mittel
zum Leben zu erwerben,
nur das Leben lassen
wir darüber bleiben.

Adalbert Stifter

JANUAR 10

Die schönste Freude
erlebt man immer da,
wo man sie
am wenigsten erwartet.

Antoine de Saint-Exupéry

11 JANUAR

Menschen fragen manchmal,
was Mönche in einem Kloster tun.
Die Antwort lautet:
Wir fallen und stehen auf,
wir fallen und stehen auf, und abermals
fallen wir und stehen wieder auf.
Und wir finden die Stärke aufzustehen,
indem wir Gott
unsere Schwäche bekennen.

Pachomius

JANUAR 12

Ich weiß nicht,
wohin Gott mich führt,
aber ich weiß,
dass er mich führt.

Gorch Fock

13 JANUAR

Der Wunsch unseres Schutzengels,
uns zu helfen,
ist weit größer als unser Wunsch,
uns von ihm helfen zu lassen.

Don Bosco

JANUAR 14

Blick in dein Inneres!
Dort ist die Quelle des Guten,
und wenn du immer nachgräbst,
kann sie immer hervorsprudeln.

Marc Aurel

15 JANUAR

Glücklich ist,
wer sich bei Sonnenuntergang
über die aufgehende Sonne freut.

Adalbert Ludwig Balling

JANUAR 16

Sei heiter —
es ist gescheiter
als alles Gegrübel.
Gott hilft weiter...

Theodor Fontane

17 JANUAR

Es ist die Aufgabe eines jeden Menschen,
zu sich selbst zu kommen,
das innerste Wesen seines Ichs zu entdecken.
Wie man dorthin gelangen kann,
und mit welchen Erfahrungen
diese Entdeckung zusammenhängt,
ist und bleibt aber ein Geheimnis.

Edith Stein

JANUAR 18

Nachdenken enthält eine
unerschöpfliche Quelle
von Trost und Beruhigung.

Novalis

# 19 JANUAR

Gegen Schmerzen der Seele
Gibt es nur zwei Arzneimittel:
Hoffnung und Geduld.

Pythagoras

JANUAR 20

Wir möchten so viel:
Haben. Sein. Und gelten.
Dass einer alles hat:
Das ist selten.

Kurt Tucholsky

21 JANUAR

Wer das Morgen
ganz in die Hand Gottes legt
und heute ganz empfängt,
was er zum Leben braucht,
der allein ist wahrhaft gesichert.

Dietrich Bonhoeffer

JANUAR 22

Genießen heißt
gebrauchen mit Freude,
nicht in der Hoffnung,
sondern in der Wirklichkeit.

Augustinus von Hippo

23 JANUAR

Für uns gilt dasselbe wie für das Schilf,
das vom Wasser niedergebogen wird,
und ohne es zu verletzen,
fließt das Wasser darüber hinweg.
Wenn das Hochwasser fällt,
richtet das Rohr sich wieder auf
und wächst und wird stärker
und ist voll Glück und Freude.

Elisabeth von Thüringen

JANUAR 24

Frohsinn und Freude
ist eine Form der Erfüllung
des göttlichen Willens.

Leo N. Tolstoi

25 JANUAR

Glück ist jeder neue Morgen,
Glück ist bunte Blumenpracht,
Glück sind Tage ohne Sorgen,
Glück ist, wenn man fröhlich lacht.

Clemens Brentano

JANUAR 26

$\mathcal{E}$in Pessimist sieht die Schwierigkeit
bei jeder Gelegenheit,
ein Optimist hingegen sieht die Gelegenheit
in jeder Schwierigkeit.

Winston Churchill

27 JANUAR

An einem schönen Tag
im Schatten zu sitzen
und ins Grüne zu schauen
ist die wunderbarste Erfrischung.

Jane Austen

JANUAR 28

Glücklich machen
ist das höchste Glück!
Aber auch dankbar
empfangen können
ist ein Glück.

Theodor Fontane

29 JANUAR

Herr! Schicke, was du willst,
Ein Liebes oder Leides;
Ich bin vergnügt, dass beides
Aus deinen Händen quillt.

Wollest mit Freuden
Und wollest mit Leiden
Mich nicht überschütten!
Doch in der Mitten
Liegt holdes Bescheiden.

Eduard Möricke

JANUAR 30

Im Traum
und in der Liebe
ist nichts unmöglich.

Ungarisches Sprichwort

31 JANUAR

*E*s ist nicht schwer,
Menschen zu finden, die mit 60 Jahren
zehnmal so reich sind,
als sie es mit 20 waren.
Aber nicht einer von ihnen behauptet,
er sei zehnmal so glücklich.

George Bernhard Shaw

FEBRUAR 1

Das beste Mittel,
das Glück zu verpassen,
besteht darin,
es zu suchen.
Es ist nicht das Ziel
unseres Lebens,
sondern ein Nebenprodukt.

Paul Claudel

2 FEBRUAR

Alle Unordnung des inneren
und des äußeren Menschen
wird geordnet in der Gelassenheit,
in der man sich lässt und Gott überlässt!

Meister Eckhart

FEBRUAR 3

Der Himmel hat den Menschen,
als Gegengewicht gegen die
vielen Mühseligkeiten des Lebens,
drei Dinge gegeben:
die Hoffnung, den Schlaf und das Lachen.

Immanuel Kant

4 FEBRUAR

Wer ungetrübt
und heiter sein will,
der muss eines besitzen:
Das ist die innere Freiheit.

Meister Eckhart

FEBRUAR 5

Unsere Müdigkeit
nennen wir Erschöpfung,
die der anderen Faulheit.

Curt Goetz

# 6   FEBRUAR

Den Augenblick zu nutzen,
bei jedem Schritt auf dem Wege
an den Abend zu denken,
die größtmögliche Zahl
glücklicher Stunden zu verleben,
das ist Weisheit.

Ralph Waldo Emerson

FEBRUAR 7

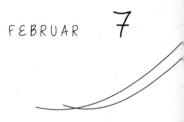

Von allen Seiten
umgibst du mich
und hältst deine Hand
über mich.

Die Bibel (Psalm 139,5)

8 FEBRUAR

Man verpasst
eine Menge Spaß,
wenn man nicht
über sich selbst lachen kann.

Sara Jeanette Duncan

FEBRUAR 9

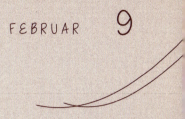

Wann fängt das Leben an,
glücklich zu sein?
Wenn man alles, was kommt,
aus Gottes Hand nehmen kann.

Carl Hilty

10 FEBRUAR

Man kann einen seligen,
seligsten Tag haben,
ohne etwas anderes dazu zu gebrauchen
als blauen Himmel und grüne Erde.

Jean Paul

FEBRUAR 11

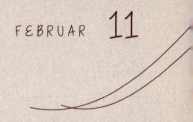

Täglich eine halbe Stunde
auf Gott zu horchen
ist wichtig, außer wenn
man sehr viel zu tun hat,
dann ist eine ganze Stunde nötig.

Franz von Sales

12 FEBRUAR

Die Kraft zu lieben
ist Gottes größtes Geschenk
an den Menschen,
denn niemals wird es dem Gesegneten,
der liebt, genommen werden.

Khalil Gibran

FEBRUAR 13

Die Seele nährt sich von dem,
woran sie sich freut.

Augustinus von Hippo

14 FEBRUAR

Das wahre Glück
kommt nicht von außen,
sondern hat seinen Ursprung
im Allerheiligsten des Lebens.

Khalil Gibran

FEBRUAR 15

Wir kommen nicht
aus der Traurigkeit heraus,
wenn wir uns
ständig den Puls fühlen.

Martin Luther

16 FEBRUAR

Man muss lachen,
bevor man glücklich ist,
weil man sonst sterben könnte,
ohne gelacht zu haben.

Jean de La Bruyere

FEBRUAR 17

Wer Licht macht,
kann die Sterne nicht sehen.
Wer Lärm macht,
kann Gottes Atemzug nicht hören.

Stijn Streuvels

18 FEBRUAR

Nehmen wir uns nicht zu viel vor.
Es genügt die friedliche und ruhige Suche
nach dem Guten an jedem Tag,
zu jeder Stunde,
aber ohne Übertreibung
und Ungeduld.

Papst Johannes XXIII.

FEBRUAR 19

Gott gibt uns Erinnerungen,
damit wir Rosen im Winter haben.

Johann Wolfgang von Goethe

20 FEBRUAR

Glücklich ist nicht,
wer anderen so vorkommt,
sondern wer sich selbst
dafür hält.

Lucius Annaeus Seneca

FEBRUAR 21

Die Liebe allein
versteht das Geheimnis,
andere zu beschenken
und dabei selbst reich zu werden.

Clemens Brentano

22 FEBRUAR

Die Natur hat dafür gesorgt,
dass es, um glücklich zu leben,
keines großen Aufwandes bedarf,
jeder kann sich selbst glücklich machen.

Lucius Annaeus Seneca

FEBRUAR 23

Lasst das Heute
und die Vergangenheit
mit Erinnerungen umarmen
und die Zukunft mit Sehnsucht.

Khalil Gibran

24 FEBRUAR

Eine heilige Aufmerksamkeit
sollen wir für uns selber haben
und zu allen Zeiten
in uns tragen,
dass wir uns
vor Gebrechen bewahren.
Eine liebevolle Aufmerksamkeit
sollen wir für unsere Mitmenschen haben,
ihnen die Fehler wohlmeinend
allein offenbaren.

Mechthild von Magdeburg

FEBRUAR 25

Glück ist etwas,
was man geben kann,
ohne es zu haben.

Ricarda Huch

26 FEBRUAR

Das Leben ist wundervoll.
Es gibt Augenblicke,
da möchte man sterben,
aber dann geschieht etwas Neues
und man glaubt,
man sei im Himmel.

Edith Piaf

FEBRUAR 27

Was die Erde
für den Baum ist,
ist die Stille
für die Seele.

Magnus Malm

28 FEBRUAR

Gott hat jedem Menschen
die Fähigkeit verliehen,
etwas zu erreichen.
Keinen Menschen hat er
ohne alle Talente gelassen.

Martin Luther King

FEBRUAR 29.

Irrtümer haben ihren Wert;
jedoch nur hie und da.
Nicht jeder, der nach Indien fährt,
entdeckt Amerika.

Erich Kästner

1 MÄRZ

Durch ein heiteres und frohes Gesicht können wir beweisen, dass die Nachfolge Christi unser Leben mit Freude erfüllt.

Vinzenz Pallotti

MÄRZ 2

Heiterkeit
ist unmittelbarer Gewinn.
Sie allein ist die bare Münze
des Glücks.

Arthur Schopenhauer

3 MÄRZ

Du lieber Gott, und
wenn man auch allen
Sonnenschein wegstreicht,
so gibt es noch den Mond
und die hübschen Sterne
und die Lampe am Winterabend —
es ist so viel schönes Licht
in der Welt.

Wilhelm Raabe

MÄRZ 4

Gib jedem Tag die Chance,
der schönste
deines Lebens zu werden.

Mark Twain

5 MÄRZ

Müde macht uns die Arbeit,
die wir liegen lassen,
nicht die, die wir tun.

Marie von Ebner-Eschenbach

MÄRZ 6

Die gute Zeit fällt nicht vom Himmel,
sondern wir schaffen sie selbst;
sie liegt in unseren Herzen eingeschlossen.

Fjodor M. Dostojewski

7 MÄRZ

Der Humor
ist das größte Gnadengeschenk
der göttlichen Welt
an den bedrängten Menschen.

E. T. A. Hoffmann

MÄRZ 8

Zu erkennen,
dass man sich geirrt hat,
ist ja nur das Eingeständnis,
dass man heute schlauer ist
als gestern.

Johann Caspar Lavater

9 MÄRZ

Mit dem Glück
muss man es machen
wie mit der Gesundheit:
es genießen, wenn es günstig ist,
Geduld haben, wenn es ungünstig ist,
und zu gewaltsamen Mitteln
nur im äußersten Notfall greifen.

François de La Rochefoucauld

MÄRZ 10

In jedermann
ist etwas Kostbares,
das in keinem
anderen ist.

Martin Buber

11 MÄRZ

Es ist unglaublich,
wie viel Kraft die Seele
dem Körper zu verleihen vermag.

Wilhelm von Humboldt

MÄRZ 12

Immer beschäftigt sein
und nicht unter der Eile leiden,
das ist ein Stück
Himmel auf Erden.

Papst Johannes XXIII.

13 MÄRZ

Der Weg wächst im Gehen
unter deinen Füßen,
wie durch ein Wunder.

Reinhold Schneider

MÄRZ 14

Wer jeden Abend sagen kann:
„Ich habe gelebt",
dem bringt jeder Morgen
einen neuen Gewinn.

Lucius Annaeus Seneca

15 MÄRZ

In jeder Phase unseres Lebens —
auch unter noch so widrigen Umständen —
gibt es eine bestimmte Form des Glücks.
Die Kunst des Lebens besteht darin,
diese kostbaren Augenblicke
wahrnehmen zu können.

Verfasser unbekannt

MÄRZ 16

Der dich gemacht hat,
weiß auch, was er mit dir
machen will.

Augustinus von Hippo

17 MÄRZ

Der Heiterkeit sollen wir,
wann immer sie sich einstellt,
Tür und Tor öffnen;
denn sie kommt nie
zur unrechten Zeit.

Arthur Schopenhauer

MÄRZ 18

Unser wahres Glück
ist nicht von dieser Welt,
aber wir schreiben es ihr
gern fälschlicherweise zu.

Christa Franze

19 MÄRZ

Man muss das Glück nur teilen,
um es zu multiplizieren.

Marie von Ebner-Eschenbach

MÄRZ 20

$\mathcal{E}$s gibt Augenblicke,
in denen man nicht nur sehen,
sondern auch ein Auge zudrücken muss.

Benjamin Franklin

21 MÄRZ

Wir müssen die Widerwärtigkeiten,
die Gott uns schickt, annehmen,
ohne viel darüber nachzugrübeln,
und wir dürfen es als gewiss annehmen,
dass es das Beste ist,
was uns begegnen kann.

Philipp Neri

MÄRZ **22**

Unser ganzes Leben sollte
ein lächelnder Dank
an Gott sein.

Robert de Langeac

23 MÄRZ

Wer wenig bedarf,
der kommt nicht in die Lage,
auf vieles verzichten zu müssen.

Plutarch

MÄRZ 24

Wir sollten von
den Chinesen lernen —
die haben das gleiche
Schriftzeichen
für Krise und Chance.

Richard von Weizsäcker

25 MÄRZ

Leicht zu leben ohne Leichtsinn,
heiter zu sein ohne Ausgelassenheit,
Mut zu haben ohne Übermut —
das ist die Kunst des Lebens.

Theodor Fontane

MÄRZ 26

Wer sich um das Morgen
am wenigsten kümmert,
geht ihm mit der größten
Lust entgegen.

Epikur

27 MÄRZ

Wir müssen unser Dasein,
soweit es geht, annehmen;
alles, auch das Unerhörte,
muss darin möglich sein.
Das ist im Grunde
der einzige Mut,
der von uns verlangt wird.

Rainer Maria Rilke

MÄRZ 28

Was kann der Schöpfer
lieber sehen
als ein fröhliches Geschöpf!

Gotthold Ephraim Lessing

29 MÄRZ

Ich bin ein sehr alter Mann.
Ich hatte viele Probleme.
Die meisten von ihnen
haben niemals stattgefunden.

Mark Twain

MÄRZ 30

Glücklich ist einer,
der sich an der Farbenpracht
des herbstlichen Waldes freut.

Adalbert Ludwig Balling

31 MÄRZ

Der Mensch,
der den Berg abtrug,
war derselbe, der anfing,
die kleinen Steine wegzutragen.

Aus China

APRIL 1

Der meiste Schatten
im Leben der Menschen
rührt daher, dass wir uns selbst
in der Sonne stehen.

Ralph Waldo Emerson

2 APRIL

Allzeit fröhlich ist gefährlich;
allzeit traurig ist beschwerlich;
allzeit glücklich ist betrüglich;
Eins ums andere ist vergnüglich.

Deutsches Sprichwort.

APRIL 3

Welch ein Glück, Freunde zu haben,
die auch über unsere
schwachen Witze lachen
und Sorgen und Nöte mit uns teilen,
die nur halb so schlimm sind.

Verfasser unbekannt

4 APRIL

Wünschen Sie nicht zu sein,
was Sie nicht sind,
sondern wünschen Sie,
was Sie sind, sehr gut zu sein.
Was nützt es uns,
Schlösser in Spanien zu bauen,
wenn wir in Frankreich wohnen müssen.

Franz von Sales

APRIL 5

Dem Heiteren erscheint
die Welt auch heiter.

Johann Wolfgang von Goethe

6 APRIL

Alles wurde geschaffen
als Geschenk der Liebe
für mich.
Ich wurde geschaffen
als Geschenk
für die anderen.

Chiara Lubich

APRIL 7

Man soll nicht ängstlich fragen:
Was wird noch kommen,
sondern sagen:
Ich bin gespannt,
was Gott noch mit mir vorhat.

Selma Lagerlöf

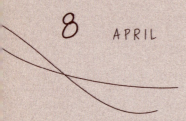

8 APRIL

Ich hebe meine Augen auf
zu den Bergen:
Woher kommt mir Hilfe?
Meine Hilfe kommt vom Herrn,
der Himmel und Erde gemacht hat.

Die Bibel (Psalm 121,1-2)

APRIL 9

*Erinnerung
ist der Nachsommer
der menschlichen Freuden.*

Asta Nielsen

10 APRIL

Wir sind nicht auf der Erde,
um ein Museum zu hüten,
sondern um einen blühenden Garten
voller Leben zu pflegen.

Johannes XXIII.

APRIL 11

Das Leben leicht tragen
und tief genießen
ist ja doch die Summe
aller Weisheit.

Wilhelm von Humboldt

12 APRIL

Genieß die Gegenwart mit frohem Sinn,
sorglos, was dir die Zukunft bringen werde;
doch nimm auch den bitteren Kelch
mit Lächeln hin,
vollkommen ist kein Glück auf Erden.

Horaz

APRIL 13

Was du mit
guter Laune tust,
fällt dir nicht schwer.

Volksweisheit

14 April

Man kann einen seligen,
seligsten Tag haben,
ohne etwas anderes dazu zu gebrauchen
als blauen Himmel und grüne Erde.

Aristoteles

APRIL 15

Freilich bleiben nicht alle Blüten,
um Früchte zu werden.
Wenn aber nur der Baum
stehen bleibt,
so ist die Hoffnung
nicht verloren.

Katharina Elisabeth Goethe

16 APRIL

Ich betrachte den Frühling,
als ob er zu mir
allein käme,
um dankbar zu sein.

Christian Friedrich Hebbel

APRIL 17

Gelassenheit bedeutet Loslassen
von Vergangenheit und Zukunft
und Freilassen von Ängsten.

Ebo Rau

18 APRIL

Der verlorenste Tag
aller Tage
ist der,
an dem man nicht
gelacht hat.

Nicolas Chamfort

APRIL 19

Zwei Blumen blühen
für den weisen Finder,
sie heißen
Hoffnung und Genuss.

Friedrich Schiller

20 APRIL

Wünsche, an die wir uns
zu sehr klammern,
rauben uns leicht etwas von dem,
was wir sein sollen und können.
Es gibt erfülltes Leben
trotz unerfüllter Wünsche.

Dietrich Bonhoeffer

APRIL 21

Gönne dich dir selbst!
Ich sage nicht: Tue das immer.
Aber ich sage: Tue es wieder einmal.
Sei wie für alle anderen Menschen
auch für dich selbst da.
Oder jedenfalls sei es
nach allen anderen.

Bernhard von Clairvaux

22 APRIL

Nicht in die ferne Zeit
verliere dich —
den Augenblick ergreife,
der ist dein.

Friedrich Schiller

APRIL 23

Das höchste Gut
ist die Harmonie der Seele
mit sich selbst.

Lucius Annaeus Seneca

24 APRIL

Das Glück ist
nicht außer uns
und nicht in uns,
sondern in Gott.
Und wenn wir ihn
gefunden haben,
ist es überall.

Blaise Pascal

APRIL 25

Das Leben ist ein Wunder.
Es kommt über mich,
dass ich oftmals
die Augen schließen muss.

Paula Modersohn-Becker

26 APRIL

Lass dich durch deine Fehler
nicht in Verlegenheit bringen.
Es gibt keinen besseren Lehrmeister,
als deine Fehler verstehen zu lernen.

Thomas Carlyle

APRIL 27

Nur die Ruhe
ist die Quelle
jeder großen Kraft.

Fjodor M. Dostojewski

28 APRIL

Das Ärgerliche
am Ärger ist,
dass man sich schadet,
ohne anderen zu nützen.

Kurt Tucholsky

APRIL 29

Wer gesammelt
in der Tiefe lebt,
der sieht auch die kleinen Dinge
in großen Zusammenhängen.

Edith Stein

30 APRIL

Wer zwingen will die Zeit,
den wird sie selber zwingen;
wer sie gewähren lässt,
dem wird sie Rosen bringen.

Friedrich Rückert

MAI 1

Wir sollten uns
von Kleinigkeiten
nicht bloß plagen,
sondern auch
erfreuen lassen.

Jean Paul

2 MAI

Freundschaft verstärkt das Glück
und lindert das Elend,
sie verdoppelt unsere Freude
und halbiert unsere Schmerzen.

Joseph Addison

MAI 3

In der Stille
können wir
den Herzschlag
Gottes hören.

Richard Foster

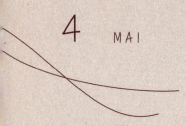

4   MAI

Der Humor nimmt die Welt hin,
wie sie ist,
auch sie nicht zu verbessern
und zu belehren,
sondern sie mit Weisheit zu ertragen.

Charles Dickens

MAI 5

Ein glückliches Leben
ist der Genuss der Gegenwart,
das ewige Leben
ist die Hoffnung der Zukunft.

Ambrosius

6 MAI

Oft kommt das Glück
durch eine Tür herein,
von der man gar nicht wusste,
dass man sie offen gelassen hat.

John Barrmore

MAI 7

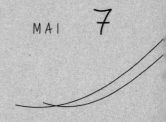

Lachen und Lächeln
sind Tor und Pforte,
durch die viel Gutes
in den Menschen
hineinhuschen kann.

Christian Morgenstern

8 MAI

Freude soll nimmer schweigen.
Freude soll offen sich zeigen.
Freude soll lachen, glänzen und singen.
Freude soll danken ein Leben lang.
Freude soll dir die Seele durchschauern.
Freude soll weiterschwingen,
Freude soll dauern
ein Leben lang.

Joachim Ringelnatz

MAI 9

Hundert kleine Freuden
sind tausendmal mehr wert
als eine große.

Johannes Kepler

10 MAI

Man kann sich
den ganzen Tag ärgern,
aber man ist dazu
nicht verpflichtet.

Weisheit aus Frankreich

MAI 11

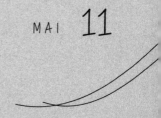

Was wir von der Sonne
lernen sollten:
Wenn sie kommt,
dann strahlt sie.

Verfasser unbekannt

12 MAI

Auf dem Weg
durchs Leben
kann man den Wind
nicht immer
im Rücken haben.

Irisches Sprichwort

MAI 13

Geh deinen Weg
gelassen und ruhig
inmitten des Lärms
und der Hast dieser Zeit
und erinnere dich,
welcher Frieden
in der Stille liegt.

Aus der Lebensregel von Baltimore

14 MAI

*Engel können fliegen,
weil sie sich selbst
nicht so schwernehmen.*

Schottische Redensart

MAI 15

Drehen Sie doch mal
das Fernrohr um.
Welche Wohltat zu sehen,
wie klein die Sorgen
dann werden.

Rudolf Otto Wiemer

16 MAI

Freude ist unsäglich mehr als Glück,
Glück bricht über den Menschen herein,
Glück ist Schicksal —
Freude ist einfach eine gute Jahreszeit
über dem Herzen;
Freude ist das Äußerste,
was die Menschen in ihrer Macht haben.

Rainer Maria Rilke

MAI 17

Das Herz voll Danken und Hoffen —
was will der Mensch mehr?

Jeremias Gotthelf

18 MAI

Der Mensch
ist für die Freude –
und die Freude
ist für den Menschen.

Franz von Sales

MAI 19

Witz und Humor sind Gottesgaben ersten Ranges, und sie sind hier wohl am Platz.

Theodor Fontane

20 MAI

Wenn du eine Stunde lang
glücklich sein willst,
schlafe.
Wenn du einen Tag
glücklich sein willst,
geh fischen.
Wenn du ein Jahr glücklich
sein willst,
habe ein Vermögen.
Wenn du ein Leben lang
glücklich sein willst,
liebe deine Arbeit.

Aus China

MAI 21

Viel Reichtum tröstet nicht so sehr wie ein fröhliches Herz.

Martin Luther

22 MAI

Es ist ebenso schön,
dem Herrgott zuliebe
Kartoffeln zu schälen
wie Dome zu bauen.

Guy de Larigaudie

MAI 23

Das Spiel des Lebens
sieht sich heiter an,
wenn man den sicheren Schatz
im Herzen trägt.
Friedrich Schiller

24 MAI

Humor ist die Kunst,
sich ohne Spiegel
selber ins Gesicht
zu lachen.

Paul Hörbiger

MAI 25

Man kann
mit einem Hirtenstab in der Hand
heilig werden,
aber auch mit einem Besenstiel.

Johannes XXIII.

26 MAI

Es gibt Millionen,
die sich nach Unsterblichkeit sehnen.
Dabei wissen sie nicht mal,
was sie an einem
verregneten Sonntagnachmittag
anfangen sollen.

Maurice Chevalier

MAI 27

Drei Dinge sind uns
aus dem Paradies geblieben:
Sterne, Blumen und Kinder.

Dante Alighieri

28 MAI

Der ist kein freier Mensch,
der sich nicht auch einmal
dem Nichtstun hingeben kann.

Cicero

MAI 29

Glück ist ein Wunderding.
Je mehr man gibt,
desto mehr hat man.

Germaine de Staël

30 MAI

Was der Sonnenschein
für die Blumen ist,
das sind lachende Gesichter
für die Menschen.

Joseph Addison

MAI 31

Blumen machen die Menschen
fröhlicher, glücklicher und hilfsbereiter.
Sie sind der Sonnenschein,
die Nahrung und die Medizin
für die Seele.

Luther Burbank

1 JUNI

Das Leben ist eine Chance – nutze sie.
Das Leben ist Schönheit – bewundere sie.
Das Leben ist Seligkeit – genieße sie.
Das Leben ist ein Traum – verwirkliche ihn.
Das Leben ist eine Herausforderung –
stelle dich ihr.

Mutter Teresa

JUNI 2

Die Natur wird nur
dadurch beherrscht,
dass man ihr gehorcht.

Francis Bacon

3 JUNI

Auch aus Steinen,
die in den Weg gelegt werden,
kann man Schönes bauen.

Johann Wolfgang von Goethe

JUNI 4

Wir müssen mit
allen geduldig sein,
am geduldigsten
aber mit uns selbst.

Franz von Sales

5 JUNI

Verschiebe nicht auf morgen,
was du heute tun kannst.
Vielleicht macht's dir heute Spaß,
und du kannst es
morgen noch mal tun.

James A. Michener

JUNI 6

Seelenruhe, Heiterkeit und Zufriedenheit
sind die Grundlagen allen Glücks,
aller Gesundheit und des langen Lebens.

Christoph Wilhelm Hufeland

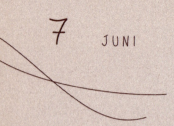

7 JUNI

In einem weisen Wort
der Alten heißt es:
Der Mensch stolpert nicht über Berge,
sondern über Ameisenhügel.
Berge sind groß, und darum
besteigt man sie mit Bedacht;
Ameisenhügel dagegen
sind winzig klein,
und so beachtet man sie kaum.

Han Fe Dse

JUNI 8

Freude ist das Leben
durch einen Sonnenstrahl gesehen.

Carmen Sylva

9 JUNI

Nichts ist so gesund
auf dieser Welt,
als sich ab und zu
krankzulachen.

Oscar Blumenthal

JUNI 10

Zufriedenheit erwächst
nicht aus Dingen,
sondern nur aus
der Tiefe unserer Seele.

Mark W. Bonner

11 JUNI

Wer fertig ist,
dem ist nichts
recht zu machen,
ein Werdender
ist immer dankbar.

Johann Wolfgang von Goethe

JUNI 12

Es ist eine ganz
schätzenswerte Aufgabe,
andern Menschen
heitere Stunden
zu bereiten.

Johann Wolfgang von Goethe

13 JUNI

Kommt zu einem schmerzlosen Zustand
noch die Abwesenheit der Langeweile,
so ist das irdische Glück
im Wesentlichen erreicht.

Arthur Schopenhauer

JUNI 14

Man darf nicht die Guten
wegen der Schlechten verlassen,
sondern man muss die Schlechten
wegen der Guten ertragen,
soweit Glaube und Liebe es verlangen.

Fulgentius von Ruspe

15 JUNI

Die Hoffnung, die das Risiko scheut,
ist keine Hoffnung.
Hoffnung heißt:
An das Abenteuer der Liebe glauben;
Vertrauen zu den Menschen haben;
den Sprung ins Ungewisse tun
und sich ganz Gott überlassen.

Dom Hélder Câmara

JUNI **16**

Die größten Wunder
gehen in der größten Stille
vor sich.

Wilhelm Raabe

17 JUNI

Lass den morgigen Tag sein,
was er will —
unser Gott ist auch der Gott
des morgigen Tages.

C. H. Spurgeon

JUNI 18

Glück ist der Stuhl,
der plötzlich dasteht,
als man sich zwischen
zwei andere setzen wollte.

George Bernhard Shaw

19 JUNI

Gott, ich danke dir für den Tee!
Was wäre die Welt ohne Tee!
Wie hätte sie bestehen können?
Nein, sie könnte es nicht,
ich kann es auch nicht.
Dem Himmel sei Dank,
dass ich erst geboren wurde,
als man schon mit dem
Teetrinken angefangen hatte.

Pfarrer Sydney Smith

JUNI 20

Lach das Leben an!
Vielleicht lacht es wider.

Jean Paul

21 JUNI

Die wahren Lebenskünstler
sind bereits glücklich,
wenn sie nicht unglücklich sind.

Jean Anouilh

JUNI 22

Wir können nicht glücklich sein,
solange wir nicht gelernt haben,
über uns selbst zu lachen.

Dorothy Dix

23 JUNI

Nur die Heiterkeit ist Leben,
selbst das Alter wird verjüngt,
wem der Scherz, der Saft der Reben,
Jugend lachend wiederbringt,
der mag manches Jahr noch leben,
Lust und Frohsinn ihn umschweben.
und dem Greise selbst gelingt,
sich der Sorgen zu entheben;
nur die Heiterkeit ist Leben,
selbst das Alter wird verjüngt.

Ludwig Tieck

JUNI 24

Eine dicke Haut
ist ein Geschenk
Gottes.

Konrad Adenauer

25 JUNI

Man muss glücklich sein,
um glücklich zu machen.
Und man muss glücklich machen,
um glücklich zu bleiben.

Maurice Maeterlinck

JUNI 26

Geh in den Garten
und höre auf die Stille
zwischen den Geräuschen:
Dies ist die wahre Musik
der Natur.

Weisheit aus Japan

27 JUNI

Man sollte gar nicht glauben,
wie gut man auch ohne
die Erfindungen des Jahres 2500
auskommen kann.

Kurt Tucholsky

JUNI 28

Halte dir jeden Tag
dreißig Minuten für
deine Sorgen frei,
und in dieser Zeit
mache ein Nickerchen.

Abraham Lincoln

29 JUNI

Willst du immer weiter schweifen?
Sieh, das Gute liegt so nah.
Lerne, nur das Glück ergreifen,
denn das Glück ist immer da.

Johann Wolfgang von Goethe

JUNI 30

Im Glück sagt sich der
Lebenskünstler, dass es
kaum besser hätte
kommen können.
Im Unglück sagt er sich,
dass es noch schlimmer
hätte kommen können.

Paul Hörbiger

1 JULI

Gönne dich dir selbst.
Ich sage nicht: Tu das immer.
Ich sage nicht: Tu das oft.
Aber ich sage:
Tu es immer wieder einmal.
Sei wie für alle anderen
auch für dich selbst da.

Bernhard von Clairvaux

JULI 2

Humor
ist der Schwimmgürtel
auf dem Strom des Lebens.

Wilhelm Raabe

3 JULI

Es gibt nur ein Mittel,
sich wohlzufühlen:
Man muss lernen,
mit dem Gegebenen
zufrieden zu sein
und nicht immer das verlangen,
was gerade fehlt.

Theodor Fontane

JULI 4

Immer die kleinen Freuden aufpicken,
bis das große Glück kommt.
Und wenn es nicht kommt,
dann hat man wenigstens
die kleinen Glücke gehabt.

Theodor Fontane

5 JULI

Es gibt nichts Schöneres im Leben
als die Freundschaft:
Du hast jemanden,
dem du dein Innerstes öffnen,
dem du Geheimnisse mitteilen,
das Verborgene deines Herzens
anvertrauen kannst.

Ambrosius

JULI 6

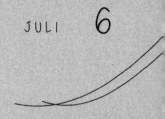

Lächeln ist
die eleganteste Art,
seinem Gegner
die Zähne zu zeigen.

Volksweisheit

7 JULI

Wisse, dass es kein Leid gibt,
dem nicht Freude folgt,
kein Unglück,
das nicht irgendein Glück
nach sich zöge.

Persisches Sprichwort

JULI 8

Wenn ich einen grünen Zweig
im Herzen trage,
wird sich ein Singvogel
darauf niederlassen.

Aus China

9 JULI

Das Lachen ist die Sonne,
die aus dem menschlichen Antlitz,
den Winter vertreibt.

Victor Hugo

JULI 10

$\mathcal{E}$in Scherz,
ein lachendes Wort
entscheidet über
die großen Dinge
oft treffender als
Ernst und Schärfe.

Horaz

11 JULI

Man sollte alle Tage
wenigstens ein kleines Lied hören,
ein gutes Gedicht lesen,
ein treffliches Gemälde sehen und –
wenn es möglich zu machen wäre –
einige vernünftige Worte sprechen.

Johann Wolfgang von Goethe

JULI **12**

$\mathcal{E}$s gehört zur Weisheit,
gelegentlich ein bisschen
töricht zu sein.

Wilhelm Raabe

13 JULI

Tu, was du kannst,
und bete um das,
was du nicht kannst,
so wird Gott dir geben,
dass du es kannst.

Augustinus von Hippo

JULI 14

Die Sonne blickt mit hellem Schein
so freundlich in die Welt hinein.
Mach's ebenso!
Sei heiter und froh!

Johann Gottfried Herder

15 JULI

Wenn du wütend bist,
dann zähl bis zehn,
bevor du sprichst.
Wenn du sehr wütend bist,
bis einhundert.

Thomas Jefferson

JULI 16

Die wahren Optimisten
sind nicht überzeugt,
dass alles gut gehen wird.
Aber sie sind überzeugt,
dass nicht alles schiefgehen wird.

Jean Dutourd

17 JULI

Ein Stück des Weges liegt hinter dir,
ein anderes Stück hast du noch vor dir.
Wenn du verweilst, dann nur,
um dich zu stärken,
nicht aber um aufzugeben.

Augustinus von Hippo

JULI 18

Die Freude
ist das vitalste
Lebenselement.

Hildegard von Bingen

19 JULI

Es gibt Augenblicke in unserem Leben,
in denen Zeit und Raum tiefer werden
und das Gefühl des Daseins
sich unendlich ausdehnt.

Charles Baudelaire

JULI 20

Schlägt dir die Hoffnung fehl,
nie fehle dir das Hoffen!
Ein Tor ist zugetan,
doch tausend sind noch offen!

Friedrich Rückert

21 JULI

Da mir Gott
ein fröhliches Herz gegeben hat,
so wird er mir es schon verzeihen,
wenn ich ihm fröhlich diene.

Joseph Haydn

JULI 22

Ein lang anhaltendes Glück
ist allemal verdächtig:
Das unterbrochene ist sichtbarer
und das Süßsaure desselben
sogar dem Geschmack angenehmer.

Baltasar Gracián y Morales

23 JULI

$\mathcal{E}$s gibt drei Arten von Freuden,
die förderlich sind.
Sich an Musik
und guten Umgangsformen erfreuen,
über die Vorzüge anderer reden
und sich darüber freuen,
viele wertvolle Freunde haben
und sich darüber freuen –
diese Freuden sind förderlich.

Konfuzius

JULI 24

Man ärgert sich,
wenn man nicht
zu einer Party eingeladen wird,
die man ohnehin nicht besucht hätte.
Das Fernbleiben
ist dann nur halb so schön.

Lieselotte Pulver

25 JULI

Die Barmherzigkeit Gottes
ist wie der Himmel,
der stets über uns fest bleibt.
Unter diesem Dach sind wir sicher,
wo auch immer wir sind.

Martin Luther

JULI 26

Das Geheimnis des Glücks
liegt nicht im Besitz,
sondern im Geben.
Wer andere glücklich macht,
wird glücklich.

André Gide

27 JULI

Freundschaft und Liebe erzeugen
das Glück des menschlichen Lebens
wie zwei Lippen den Kuss,
welcher die Seele entzückt.

Friedrich Hebbel

JULI 28

Gott, was ist Glück?
Eine Grießsuppe,
eine Schlafstelle und
keine körperlichen Schmerzen.
Das ist schon viel.

Theodor Fontane

29 JULI

Die Linien des Lebens sind verschieden,
wie Wege sind und wie der Berge Grenzen.
Was hier wir sind, kann dort
ein Gott ergänzen mit Harmonien
und ewigem Lohn und Frieden.

Friedrich Hölderlin

JULI 30

Gesundheit und Verstand,
das sind die beiden Lebensgüter.

Menander

31 JULI

Nach meiner Überzeugung gibt es
kaum ein größeres Vergnügen,
als auch im tiefsten Winter
nachts im Bett warme Füße zu haben.

Iwan Turgenjew

AUGUST 1

Dass die Vögel
der Sorge und des Kummers
über dein Haupt fliegen,
kannst du nicht ändern.
Aber dass sie Nester
in deinem Haar bauen,
das kannst du verhindern.

Martin Luther

2 AUGUST

Vergiss nicht:
Man benötigt nur wenig,
um ein glückliches Leben zu führen.

Marc Aurel

AUGUST 3

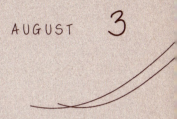

Die Zeit wird kommen,
in der die Einsamkeit und die Stille
der letzte Luxus
der Menschheit sein werden.

Edmond Jaloux

4 AUGUST

Von allen Besitztümern auf Erden
ist das Wertvollste die Lebenskunst.
Denn alles andere können Kriege
und Schicksalsschläge rauben,
die Lebenskunst aber
bleibt uns bewahrt.

Hipparchos

AUGUST 5

Die Kunst der Weisheit
besteht darin zu wissen,
was man übersehen muss.

William James

6 AUGUST

$\mathcal{E}$s gibt wohl nichts,
was so gut wie der Humor Spannungen löst,
schwierige Situationen entdramatisiert
und unsere kleinen Probleme
des Alltags relativiert.

Yves Patenôtre

AUGUST 7

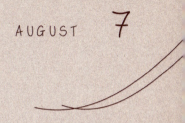

Der beste Weg,
sich selbst eine Freude zu machen, ist:
zu versuchen, einem anderen
eine Freude zu bereiten.

Mark Twain

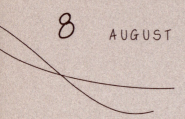

8 AUGUST

Das Glück kommt zu denen,
die es erwarten.
Nur müssen sie
die Tür offen halten.

Thomas Mann

AUGUST 9

Die Tugend des Alltags
ist die Hoffnung,
in der man das Mögliche tut
und das Unmögliche Gott zutraut.

Karl Rabner

10 AUGUST

Der Mensch ist nicht
nach dem zu beurteilen,
was er weiß, sondern nach dem,
was er liebt.
Nur die Liebe macht ihn zu dem,
der er ist.

Augustinus von Hippo

AUGUST 11

Hoffe nicht, harre nicht,
frisch die Zeit beim Schopf gefasst!
Suche nichts, was dir gebricht,
und genieße, was du hast.

Johann Kaspar Lavater

12 AUGUST

Ich liebe das Leben!
Das Leben,
das die Dummköpfe durchrasen,
ohne es anzuschauen,
das Leben
voll wunderbarer Geheimnisse.

Georges Bernanos

AUGUST 13

Liebe ist alles,
was unser Leben steigert,
erweitert und bereichert.

Franz Kafka

14 AUGUST

Halte immer an der Gegenwart fest.
Jeder Zustand, ja jeder Augenblick
ist von unendlichem Wert,
denn er ist Repräsentant
einer ganzen Ewigkeit.

Johann Wolfgang von Goethe

AUGUST 15

Hoffnung ist nicht die Überzeugung,
dass etwas gut ausgeht,
sondern die Gewissheit,
dass etwas Sinn hat,
egal wie es ausgeht.

Václav Havel

16 AUGUST

Sag Ja zu den Überraschungen,
die deine Pläne durchkreuzen,
deine Träume zunichtemachen,
deinem Tag eine ganz
andere Richtung geben,
ja vielleicht deinem Leben.

Dom Hélder Câmara

AUGUST 17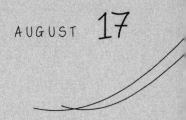

Die Sonne
ist die Universalarznei
aus der Himmelsapotheke.

August von Kotzebue

18 AUGUST

Fünf Heilmittel gegen Schmerzen
und Traurigkeit:
Tränen, das Mitleiden der Freunde,
die Betrachtung der Wahrheit,
Schlafen und Baden.

Thomas von Aquin

AUGUST 19

Du bekommst einen Brief,
der dich maßlos erbittert?
Beantworte ihn sofort.
In der ersten Wut.
Und das lass drei Tage liegen.
Und dann schreibe
deine Antwort noch mal.

Kurt Tucholsky

20 AUGUST

Gewohnheit besteht darin,
dass man einen bestimmten
Platz für jede Sache hat
und sie dort nie aufbewahrt.

Mark Twain

AUGUST 21

Im Wechsel von Steigen und Fallen
liegt der größte Reiz des Lebens,
da das Glück nur dadurch
den Vergleich offenbar wird.

Johan August Strindberg

22 AUGUST

Wenn der Alltag dir arm erscheint,
klage ihn nicht an –
klage dich an,
dass du nicht stark genug bist,
seine Reichtümer zu rufen,
denn für den Schaffenden
gibt es keine Armut.

Rainer Maria Rilke

AUGUST 23

Ein Vergnügen erwarten
ist auch ein Vergnügen.

Gotthold Ephraim Lessing

24 AUGUST

$\mathcal{E}$s ist gut,
manchmal die Sorgen zu behandeln,
als ob sie nicht da wären;
das einzige Mittel,
ihnen ihre Wichtigkeit zu nehmen!

Rainer Maria Rilke

AUGUST 25

Lachende sind gutmütig
und stellen sich oft in Reih
und Glied der Belachten;
Kinder und Weiber
lachen am meisten;
die stolzen Selbstvergleicher
am wenigsten.

Jean Paul

26 AUGUST

Wo Liebe ist und Weisheit,
ist nicht Furcht noch Ungewissheit.
Wo Geduld ist und Demut,
ist nicht Zorn noch Erregung.
Wo Armut ist und Freude,
ist nicht Gier noch Geiz.

Franziskus von Assisi

AUGUST 27

Es gibt nur ein Anzeichen
für Weisheit:
gute Laune, die anhält.

Michel de Montaigne

28 AUGUST

Das Glück ist nicht in einem
ewig lachenden Himmel zu suchen,
sondern in ganz feinen Kleinigkeiten,
aus denen wir unser Leben
zurechtzimmern.

Carmen Sylva

AUGUST 29

Die Arbeit läuft dir nicht davon,
wenn du deinem Kind
den Regenbogen zeigst.
Aber der Regenbogen wartet nicht,
bist du mit der Arbeit fertig bist.

Aus China

30 AUGUST

Das Leben, es mag sein
wie es will, ist ein Glück,
das von keinem andern
übertroffen wird.

Leo N. Tolstoi

AUGUST **31**

Ein Optimist ist ein Mensch,
der weiß, wie trübe
die Welt sein kann.
Ein Pessimist ist einer,
der das jeden Tag
von Neuem feststellt.

Peter Ustinov

1 SEPTEMBER

Gott ehrt uns,
wenn wir arbeiten,
aber er liebt uns,
wenn wir spielen.

Rabindranath Tagore

SEPTEMBER 2

Die Freude steckt nicht
in den Dingen,
sondern im Innersten
unserer Seele.

Thérèse von Lisieux

3 SEPTEMBER

Die beste Möglichkeit,
in Frieden zu leben:
kein Aufhebens um
kleine Dinge machen,
denjenigen gut behandeln,
der uns schlecht behandelt,
und lieber unten als oben sein.

Johannes XXIII.

SEPTEMBER 4

Um klar zu sehen,
genügt oft ein Wechsel
der Blickrichtung.

Antoine de Saint-Exupéry

5 SEPTEMBER

Die Zukunft ist eine undankbare Person,
die grad' nur die quält,
die sich recht sorgsam um sie kümmern.

Johann Nestroy

SEPTEMBER 6

Das Gute und das weniger Gute
im Leben haben ihren Sinn,
auch wenn er nicht immer gleich
offensichtlich ist.

Jeremy A. White

7 SEPTEMBER

Wende dein Gesicht
der Sonne zu,
dann fallen die Schatten
hinter dich.

Sprichwort

SEPTEMBER 8

Betrachte immer
die helle Seite der Dinge!
Und wenn sie keine haben,
dann reibe die dunkle,
bis sie glänzt.

Altes Sprichwort

9 SEPTEMBER

Die schönste Freude
erlebt man immer da,
wo man sie
am wenigsten erwartet.

Antoine de Saint-Exupéry

SEPTEMBER 10

Nicht die Art der Tätigkeit
macht glücklich,
sondern die Freude
des Schaffens und Gelingens.

Carl Hilty

# 11 SEPTEMBER

Alles fügt sich und erfüllt sich,
musst es nur erwarten können
und dem Werden deines Glücks
Jahr und Felder reichlich gönnen.

Christian Morgenstern

SEPTEMBER 12

Geduld ist ein Pflaster
für alle Wunden.

Miguel de Cervantes

13 SEPTEMBER

*Bewahre in allen Dingen
die Freiheit des Geistes,
und sieh zu, wohin er dich führt.*

Ignatius von Loyola

SEPTEMBER 14

Hilft der Herr nicht aus der Not,
so hilft er uns in der Not,
indem er unser Herz
mit Friede und Freude erfüllt.

Ernst Modersohn

15 SEPTEMBER

Ich werfe jeden Tag
mehr auf den Scheiterhaufen
des Unwesentlichen — das Schöne
bei diesem Tun ist,
dass das Wesentliche
dabei nicht kleiner, enger wird,
sondern gerade mächtiger und großartiger.

Franz Marc

SEPTEMBER 16

Gottes Liebe fühlen
ist etwas Köstliches;
aber an Gottes Liebe
glauben können,
auch wenn du sie nicht fühlst,
ist mehr.

C. H. Spurgeon

17 SEPTEMBER

Es gibt ein sicheres Zeichen
der Selbsterkenntnis:
wenn man an sich selbst
mehr Fehler bemerkt
als an anderen.

Friedrich Hebbel

SEPTEMBER 18

Gott gab uns die Zeit.
Von Eile hat er nichts gesagt.

Aus Finnland

19 SEPTEMBER

Richtig verheiratet ist der Mann,
der jedes Wort versteht,
das seine Frau nicht gesagt hat.

Alfred Hitchcock

SEPTEMBER 20

Nehmen Sie die Menschen,
wie sie sind.
Andere gibt es nicht.

Konrad Adenauer

21 SEPTEMBER

Nenne dich nicht arm,
wenn deine Träume
nicht in Erfüllung gegangen sind,
wirklich arm ist nur der,
der nie geträumt hat.

Marie von Ebner-Eschenbach

SEPTEMBER 22

Der verlorenste
aller Tage ist der,
an dem man
nicht gelacht hat.

Nicolas Chamfort

23 SEPTEMBER

Nicht in der großen Zahl
liegt das Geheimnis,
Freude zu entdecken.
Was ein Mensch sucht,
kann er in einer
einzigen Rose finden.

Antoine de Saint-Exupéry

SEPTEMBER 24

Die Bescheidenheit glücklicher Menschen
kommt von der Ruhe,
welche das Glück
ihren Gemütern verleiht.

François de La Rochefoucauld

25 SEPTEMBER

Man bleibt jung,
solange man noch lernen,
andere Gewohnheiten annehmen
und Widerspruch ertragen kann.

Marie von Ebner-Eschenbach

SEPTEMBER 26

Selig, die über sich
selbst lachen können;
sie werden genug
Unterhaltung finden.

Seligpreisungen der kleinen Schwestern
des Charles de Foucauld in Paris

27 SEPTEMBER

Lächle, denn es gibt
einen Frühling in deinem Garten,
der die Blüten bringt,
einen Sommer, der die Blätter tanzen,
und einen Herbst,
der die Früchte reifen lässt.

Aus Arabien

SEPTEMBER 28

Man muss nicht alles
an einem Tage fertig
haben wollen.

Teresa von Ávila

29 SEPTEMBER

Man braucht nicht immer
demselben Standpunkt zu vertreten,
denn niemand kann einen daran hindern,
klüger zu werden.

Konrad Adenauer

SEPTEMBER 30

Wohl denen, die ihren Kindern
den Sinn dafür bewahren,
dass kleine Dinge sie freuen.

Jeremias Gotthelf

1 OKTOBER

Wenn uns etwas
aus dem gewohnten
Geleise wirft,
bilden wir uns ein,
alles sei verloren;
dabei fängt nur etwas
Neues, Gutes an.

Leo N. Tolstoi

OKTOBER 2

Nimm alles leicht!
Das Träumen lass und Grübeln!
So bleibst du wohl bewahrt
von tausend Übeln.

Ludwig Uhland

3 OKTOBER

Wir brauchen nicht so fortzuleben,
wie wir gestern selbst gelebt.
Macht euch nur von dieser Anschauung los,
und tausend Möglichkeiten laden uns
zu neuem Leben ein.

Christian Morgenstern

OKTOBER 4

$\mathcal{E}$inen Tag lang ungestört
in Muße zu verbringen, heißt,
einen Tag lang
ein Unsterblicher zu sein.

Johann Albrecht Bengel

5 OKTOBER

Wer Glauben hat,
der zittert nicht.
Glauben —
das ist Heiterkeit,
die von Gott kommt.

Johannes XXIII.

OKTOBER 6

Träume sind wunderschöne
stille Gedanken,
die wie Sonnenstrahlen
das Herz erwärmen
und Glück verbreiten.

Sprichwort

7 OKTOBER

Humor ist das Salz der Erde,
und wer gut durchsalzen ist,
bleibt lange frisch.

Karel Čapek

OKTOBER 8

Die wahre Lebensweisheit
besteht darin,
im Alltäglichen das Wunderbare zu sehen.

Pearl S. Buck

9 OKTOBER

Halte dich fest an Gott,
mach's wie der Vogel,
der auch nicht aufhört zu singen,
auch wenn der Ast bricht.
Denn er weiß,
dass er Flügel hat.

Johannes Bosco

OKTOBER 10

Die Blumen machen den Garten,
nicht der Zaun.

Deutsches Sprichwort

11 OKTOBER

Hoffnung ist nichts anderes
als der Glaube
an Gottes unendliche Liebe.

Charles de Foucauld

OKTOBER 12

Wo wir uns der Sonne freuen,
sind wir jede Sorge los.

Johann Wolfgang von Goethe

13 OKTOBER

Lieber eine Kerze
anzünden,
als über die Finsternis
klagen.

Aus China

OKTOBER 14

Jedes Mal,
wenn ein Mensch lacht,
fügt er seinem Leben
ein paar Tage hinzu.

Curzio Malaparte

15 OKTOBER

Tun wir,
was wir tun können.
Gott fügt
das Fehlende schon hinzu.

Johannes Bosco

OKTOBER 16

Das wichtigste Stück
des Reisegepäcks
ist und bleibt
ein fröhliches Herz.

Hermann Löns

17 OKTOBER

Man soll aus einer Erfahrung nur jene
Weisheit schöpfen, die darin enthalten ist,
sonst werden wir wie die Katze,
die sich auf einen heißen Deckel setzte.
Sie setzt sich auf keinen Deckel mehr.
Auch nicht auf einen kalten.

Mark Twain

OKTOBER 18

Die Zeit
ordnet viele Dinge.

Pierre Corneille

19 OKTOBER

Man sieht nur
mit dem Herzen gut,
das Wesentliche
ist für die Augen
unsichtbar.

Antoine de Saint-Exupéry

OKTOBER 20

Man darf nie vergessen,
dass die Freude
im Lebenshaushalt
nicht Wurzel ist und nicht Stamm,
sondern Blüte.

Paul Wilhelm von Keppler

21 OKTOBER

Kein Mensch auf Erden
hat mir so viel Freude gemacht
als die Natur
mit ihren Farben, Klängen, Düften,
mit ihren Frieden und ihren Stimmungen.

Peter Rosegger

OKTOBER 22

Wer Kraft aus der Stille schöpft,
spart manche Medizin.

Peter Friebe

23 OKTOBER

Freut euch
mit den Fröhlichen
und weint
mit den Weinenden!

Die Bibel (Römerbrief 12,15)

OKTOBER 24

Das Höchste über allem,
was je im Himmel ward,
ist das Staunen.

Mechthild von Magdeburg

25 OKTOBER

Tu deinem Leib etwas Gutes,
damit deine Seele Lust hat,
darin zu wohnen.

Teresa von Ávila

OKTOBER 26

Wer einen Engel
zum Freund hat,
braucht die ganze Welt
nicht mehr zu fürchten.

Martin Luther

27 OKTOBER

Jeder, der sich die Fähigkeit erhält,
Schönes zu erkennen,
wird nie alt werden.

Franz Kafka

OKTOBER 28

Die Kunst des Ausruhens
ist ein Teil der Kunst
des Arbeitens.

John Steinbeck

29 OKTOBER

Nicht das weiht den Sonntag,
dass du an ihm nichts arbeitest,
sondern das weiht ihn, dass du
an ihm Gott ganz besonders
für dich und in dir arbeiten lässt.

Hermann Bezzel

OKTOBER 30

Die größte Offenbarung
ist die Stille.

Lao-tse

31 OKTOBER

Humor und Geduld
geben eine
unwiderstehliche Mischung.

Wilhelm Busch

NOVEMBER 1

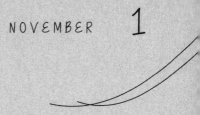

Wenn man glücklich ist,
soll man nicht noch
glücklicher sein wollen.

Theodor Fontane

2 NOVEMBER

Trenne dich nie von deinen
Ilusionen und Träumen.
Wenn sie verschwunden sind,
wirst du zwar weiterexistieren,
aber aufgehört haben zu leben.

Mark Twain

NOVEMBER 3

Schön ist eigentlich alles,
was man mit Liebe betrachtet.

Christian Morgenstern

4 NOVEMBER

Für den, der glaubt,
fangen alle Dinge
an zu leuchten.

Teilhard de Chardin

NOVEMBER 5

Vergessen Sie nie,
das Leben ist eine
Herrlichkeit.

Rainer Maria Rilke

6 NOVEMBER

Auch eine Enttäuschung,
wenn sie nur gründlich
und endgültig ist,
bedeutet einen Schritt vorwärts.

Max Planck

NOVEMBER 7

Heiterkeit ist der Himmel,
unter dem alles gedeiht.

Jean Paul

8 NOVEMBER

Im Grunde des Herzens
eines jeden Winters
liegt ein Frühlingsahnen,
und hinter dem Schleier
jeder Nacht verbirgt sich
ein lächelnder Morgen.

Khalil Gibran

NOVEMBER 9

Himmelhoch jauchzend,
zu Tode betrübt;
glücklich allein ist die Seele,
die liebt.

Johann Wolfgang von Goethe

10 NOVEMBER

Im Leben geht es nicht nur darum,
gute Karten zu haben,
sondern auch darum,
mit einem schlechten Blatt
gut zu spielen.

Robert Louis Stevenson

NOVEMBER 11

Es ist förderlich
für die Gesundheit;
deshalb beschließe ich,
glücklich zu sein.

Voltaire

12 NOVEMBER

Lacht,
denn dieses Lachen
ist ein Bekenntnis,
dass ihr Menschen seid.

Karl Rahner

NOVEMBER 13

Heiterkeit
ist eine der Arten,
Gottes Willen zu erfüllen.

Leo N. Tolstoi

14 NOVEMBER

Siehe zuerst, was du bist
und was du hast
und was du kannst und weißt,
ehe du bedenkst,
was du nicht bist, nicht hast,
nicht kannst und nicht weißt.

Johann Caspar Lavater

NOVEMBER 15

Wer sich gern erinnert,
lebt zweimal.

Franca Magnani

16 NOVEMBER

Viele suchen ihr Glück,
wie sie einen Hut suchen,
den sie auf dem Kopf tragen.

Nikolaus Lenau

NOVEMBER 17

Der hat sein Leben
am besten verbracht,
der die meisten Menschen
froh gemacht hat.

Don Bosco

18 NOVEMBER

Sei in diesem Augenblick
glücklich, das genügt.
Wir brauchen nicht mehr
als den Augenblick.

Mutter Teresa

NOVEMBER 19

Wo Glaube ist,
da ist auch Lachen.

Martin Luther

20 NOVEMBER

Selig der Mensch,
der den Nächsten
in seiner Unzulänglichkeit
genauso erträgt, wie er
von ihm ertragen werden möchte.

Franziskus von Assisi

NOVEMBER 21

Nichts in der Welt
ist so ansteckend
wie Lachen und
gute Laune.

Charles Dickens

22 NOVEMBER

Kommt das Glück,
biete ihm rasch
einen Stuhl an.

Jüdisches Sprichwort

NOVEMBER 23

Lächeln ist ein Fenster,
durch das man sieht,
ob das Herz
zu Hause ist.

Deutsches Sprichwort

24 NOVEMBER

Weißt du, worin der Spaß
des Lebens liegt?
Sei lustig!
Geht es nicht,
so sei vergnügt.

Johann Wolfgang von Goethe

NOVEMBER 25

O wünsche nichts vorbei und
wünsche nichts zurück!
Nur ruhiges Gefühl der
Gegenwart ist Glück.

Friedrich Rückert

26 NOVEMBER

Sonnenschein ist köstlich,
Regen erfrischt,
Wind kräftigt,
Schnee erheitert.
Es gibt kein
schlechtes Wetter,
es gibt nur
verschiedene Arten von gutem.

John Ruskin

NOVEMBER 27

Indem wir verzeihen,
wird uns verziehen.

Franziskus von Assisi

28 NOVEMBER

Ein fröhliches Herz
macht das Gesicht heiter,
Kummer im Herzen
bedrückt das Gemüt.

Die Bibel (Sprüche 15,13)

NOVEMBER 29

Hoffnung
ist wie Zucker im Tee.
Auch wenn sie klein ist,
versüßt sie alles.

Aus China

30 NOVEMBER

Humor ist eine großartige,
eine befreiende Sache.
In dem Augenblick,
wenn er zutage tritt,
verfliegt all unser Ärger und Verdruss,
und eine strahlende Heiterkeit
tritt an ihre Stelle.

Mark Twain

DEZEMBER 1

Die Natur ist ein sehr gutes
Beruhigungsmittel.

Anton Tschechow

2 DEZEMBER

Gott nimmt nicht die Lasten,
sondern stärkt die Schultern.

Franz Grillparzer

DEZEMBER 3

Die kürzeste Verbindung
zwischen zwei Menschen
ist ein Lächeln.

Viktor Borge

4 DEZEMBER

Sei guter Dinge und freue dich,
denn Gott ist dein Freund.

Martin Luther

DEZEMBER 5

Sei fröhlich!
Es ist sehr notwendig,
heiteren Sinnes zu sein.

Philipp Neri

6 DEZEMBER

Wer lachen kann,
dort, wo er hätte
heulen können,
der hat wieder
Lust zum Leben.

Werner Finck

DEZEMBER 7

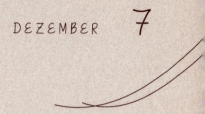

Wer noch staunen kann,
wird auf Schritt und Tritt
beschenkt.

Oskar Kokoschka

8 DEZEMBER

Denke daran, dass Gott
zwischen den Töpfen
und Pfannen da ist
und dass er dir in inneren
und äußeren Aufgaben
zur Seite steht.

Teresa von Ávila

DEZEMBER 9

Alles sehen,
vieles vorbeigehen lassen,
weniges anmahnen.

Johannes XXIII.

10 DEZEMBER

Schlaf ist für den ganzen Menschen,
was das Aufziehen für die Uhr.

Arthur Schopenhauer

DEZEMBER 11

Gegen die Erde
gibt es keinen besseren Trost
als den Sternenhimmel.

Jean Paul

12 DEZEMBER

Werde, was du noch nicht bist,
bleibe, was du jetzt schon bist;
in diesem Bleiben und in diesem Werden
liegt alles Schöne hier auf Erden.

Franz Grillparzer

DEZEMBER 13

Das wahre Leben
besteht in winzigen Veränderungen.

Leo N. Tolstoi

14 DEZEMBER

Je froher das Herz ist,
desto heller leuchtet die Sonne.

Romano Guardini

DEZEMBER 15

Was kann uns glücklicher machen
als das Glück,
das wir anderen schenken.

Robert Walser

16 DEZEMBER

Glücklich machen ist das höchste Glück!
Aber auch dankbar empfangen können
ist ein Glück.

Theodor Fontane

DEZEMBER 17

Frage nicht,
was das Geschick morgen will beschließen;
unser ist der Augenblick,
lass uns den genießen.

Friedrich Rückert

18 DEZEMBER

Satire ist die Kunst,
einem anderen so auf den Fuß zu treten,
dass er es merkt,
aber nicht aufschreit.

Helmut Qualtinger

DEZEMBER 19

Im Grunde ist es immer eins,
ob man sich über das Gegenwärtige
oder Vergangene zu freuen hat;
wenn man sich denn nur freut.

Gotthold Ephraim Lessing

20 DEZEMBER

Sei heiter und vergnügt
und nimm teil an der Freude der anderen.
Dabei fällt immer auch etwas Freude ab.

Theodor Fontane

DEZEMBER 21

Denn wenn ein Wunder geschieht,
geschieht's durch liebevolle Herzen.

Johann Wolfgang von Goethe

22 DEZEMBER

Unser ganzes Leben
ist ein nie wiederkehrender Geburtstag,
den wir darum heiliger und freudiger
begehen sollen.

Jean Paul

DEZEMBER 23

Die Wunschlosigkeit glücklicher Menschen
kommt von der Stille der Seele,
die ihnen das Glück geschenkt hat.

François de la Rochefoucauld

24 DEZEMBER

Sei heiter und vergnügt
und nimm Teil an der Freude der anderen.
Dabei fällt dann auch immer
etwas eigene Freude ab.

Theodor Fontane

DEZEMBER 25

Gut sein heißt,
mit sich selber im Einklang zu sein.

Oscar Wilde

26 DEZEMBER

Die Freude steckt
nicht in den Dingen,
sondern im Innersten unserer Seele.

Theresia von Lisieux

DEZEMBER 27

Die wahre Lust besteht darin,
dass die Seele sich
in einem Zustand
der Ruhe und Heiterkeit befindet.

Diogenes

28 DEZEMBER

Achte auf das Kleine in der Welt,
das macht das Leben
reicher und zufriedener.

Carl Hilty

DEZEMBER 29

Wer einmal
sich selbst gefunden hat,
kann nichts auf dieser Welt
mehr verlieren.

Stefan Zweig

30 DEZEMBER

Monde und Jahre vergehen
und sind immer vergangen,
aber ein schöner Moment
leuchtet das ganze Leben hindurch.

Franz Grillparzer

DEZEMBER 31

Auf diese Weise mache
dein neues Jahr zu einem Fest,
das dich dein Leben feiern lässt.
Es soll das neue Jahr
noch besser werden, wie's alte war.

Aus Deutschland

Fotonachweis

Cover: © Abramov Timur/Shutterstock; Seite 4 © Wizard/Fotolia; 6.1. © Ermolaev Alexandr/Fotolia; 12.1., 18.7., 22.10., 7/15.11., 9.12. © Africa Studio/Fotolia; 18.1. © liliya kulianionak/Fotolia; 24.1. © inna_astakhova/Fotolia; 30.1., 13.2., 23.4., 5/9/17.5., 4.6. © voren1; 5.2., 5.4., 27.5., 2.7., 5.8. © Rita Kochmarjova/Fotolia; 19.2. © Jean Kobben/Fotolia; 25.2., 22.3. © Fly_dragonfly/Fotolia; 4.3. © Hugo Felix/Fotolia; 10.3. © lipowski/Fotolia; 16.3. © Wizard/Fotolia; 28.3., 1.12. © Anatolii/Fotolia; 13./27.4., 27.11. © blackday/Fotolia; 17.4. © uzhursky/Fotolia; 21.5., 23.8. © dunga/Fotolia; 8.6. © Utekhina Anna/Shutterstock; 16.6. © otsphoto/Fotolia; 20.6. © 135pixels/Fotolia; 24.6. © Clivia/Fotolia; 12.7. © kuzina1964/Fotolia; 30.7. © gertrudda/Fotolia; 13.8. © blalulululala/Fotolia; 27.8., 4.9. © Happy monkey/Fotolia; 12.9. © nic_ol/Fotolia; © Alexandr79/Fotolia; 24.9. © yakub88/Shutterstock; 2.10. © Eric Isselee/Fotolia; 10.10. © Olga Lyubkin/Fotolia; 18.10. © iko/Fotolia; 30.10. © Guido Grochowski/Fotolia; 19.11. © adogslifephoto/Fotolia; 13.12. © NIK/Fotolia; 21.12. © Dmitry Pichugin/Fotolia; 25.12. © Farinoza/Fotolia

Bibliografische Information der Deutschen Nationalbibliothek
Die Deutsche Nationalbibliothek verzeichnet diese Publikation
in der Deutschen Nationalbibliografie;
detaillierte bibliografische Daten sind im Internet über
http://dnb.d-nb.de abrufbar.

Besuchen Sie uns im Internet unter:
www.st-benno.de

Gern informieren wir Sie unverbindlich und aktuell auch in
unserem Newsletter zum Verlagsprogramm,
zu Neuerscheinungen und Aktionen.
Einfach anmelden unter www.st-benno.de.

ISBN 978-3-7462-4790-8

© St. Benno-Verlag GmbH, Leipzig
Covergestaltung: Rungwerth Design, Düsseldorf
Gesamtherstellung: Kontext, Lemsel (A)